BEI GRIN MACHT SICH IHR WISSEN BEZAHLT

- Wir veröffentlichen Ihre Hausarbeit,
  Bachelor- und Masterarbeit

- Ihr eigenes eBook und Buch -
  weltweit in allen wichtigen Shops

- Verdienen Sie an jedem Verkauf

Jetzt bei www.GRIN.com hochladen und kostenlos publizieren

Katrin O.

Die Großstadtthematik zu Anfang des 20. Jahrhunderts

Am Beispiel von Bertolt Brechts Großstadtlyrik

GRIN Verlag

Bibliografische Information der Deutschen Nationalbibliothek:

Die Deutsche Bibliothek verzeichnet diese Publikation in der Deutschen National-
bibliografie; detaillierte bibliografische Daten sind im Internet über http://dnb.d-
nb.de/ abrufbar.

Impressum:

Copyright © 2010 GRIN Verlag GmbH
Druck und Bindung: Books on Demand GmbH, Norderstedt Germany
ISBN: 978-3-656-06427-5

Dieses Buch bei GRIN:

http://www.grin.com/de/e-book/182721/die-grossstadtthematik-zu-anfang-des-20-
jahrhunderts

GRIN - Your knowledge has value

Der GRIN Verlag publiziert seit 1998 wissenschaftliche Arbeiten von Studenten, Hochschullehrern und anderen Akademikern als eBook und gedrucktes Buch. Die Verlagswebsite www.grin.com ist die ideale Plattform zur Veröffentlichung von Hausarbeiten, Abschlussarbeiten, wissenschaftlichen Aufsätzen, Dissertationen und Fachbüchern.

Pädagogische Hochschule Ludwigsburg

Seminar: Berlin „das kalte Chicago" – Brechts Großstadttexte in der Weimarer Republik

Sommersemester 2010

Die Großstadtthematik

Anfang des 20. Jahrhunderts

am Beispiel von Bertolt Brechts Großstadtlyrik

Juli 2010

Inhaltsverzeichnis

1 Begriffsannäherung „Großstadt"

1.1 Heutige Definition

In der Anthropogeographie beschäftigt man sich schon seit vielen Jahrzehnten mit einer korrekten Definition des modernen Stadtbegriffes. Das Problem der Abgrenzung zwischen ländlichen und städtischen Siedlungen steht hierbei im Vordergrund, da eine Begriffsdefinition je nach Autor und Untersuchungszweck sehr variabel ist.

Heineberg stellt in seinem Buch eine Reihe von Merkmalen zusammen, die den geographischen Stadtbegriff näher beschreiben und charakterisieren sollen:

- Große Siedlung (ab 10.000 Einwohnern = Großstadt)
- Mindestmaß an Zentralität
- Kompakter Siedlungskörper
- Hohe Bebauungsdichte
- Überwiegende Mehrstöckigkeit der Gebäude (Stadtkern)
- Deutliche funktionale Gliederung
- Hohe Wohn- und Arbeitsstättendichte
- Städtische Lebens-, Kultur- und Wirtschaftsformen
- Hohe Verkehrsdichte/ Bündelung wichtiger Verkehrswege
- Weitgehend künstliche Umweltgestaltung

Tab. 1: Merkmale des geographischen Stadtbegriffs

Neben den genannten Kriterien kann auch eine Ausdifferenzierung in Stadtgrößenklassen erfolgen. Hierbei werden Einwohnerschwellenwerte definiert. Die Bezeichnungen und Abgrenzungen können jedoch zwischen einzelnen Staaten oder Kulturräumen sehr unterschiedlich sein. Unter Berücksichtigung anderer Kriterien werden demnach Bezeichnungen wie Metropole, Megastadt oder Weltstadt voneinander unterschieden.[1]

---

[1] Vgl. Heineberg 2007, S.307f.

1.2 Entwicklung der Großstadt

Die Urbanisierung nach 1800 beschreibt einen Prozess, „in dessen Verlauf die Bevölkerung ländlicher Räume die Berufs- und Sozialstruktur, sowie die Verhaltensweisen der Stadtbewohner annimmt."[2] Zudem wird dadurch ein ansteigender Anteil der in der Stadt lebenden Bevölkerung eines Gebietes, Landes oder Staates angezeigt.[3]

Bis zum Ende des 18. Jahrhunderts lebten etwa 90% der Menschen in dörflichen Siedlungen und übten landwirtschaftliche Tätigkeiten vor allem zur Selbstversorgung aus. Mit der Erfindung und Nutzung der Dampfkraft zu Anfang des 20. Jahrhunderts begann in Europa die industrielle Revolution. Durch neue Technologien konnten innovative Produktionsverfahren z.b. zur gezielten Kohleförderung betrieben werden. Zudem erhöhte der Ausbau von Verkehrswegen und Eisenbahnstrecken die Mobilität und förderte die Kommunikation. Im Zuge dessen entwickelte sich auch die Schwer- und die Textilindustrie, die zu den bedeutenden Wirtschaftfaktoren heranwuchsen. Neue Erkenntnisse in der medizinischen Forschung ermöglichten den Menschen ein längeres Leben und führten langfristig zu einem enormen Bevölkerungswachstum in Europa.

Sowohl der enorme Arbeitskräftebedarf in den Stadtregionen, als auch der enorme Versorgungsmangel der ländlichen Gebiete lockte viele Menschen in die zentralen Städte. In der Hoffnung auf ein finanziell besseres Leben kam es zu einer regelrechten ‚Landflucht', bei der die Menschen in die Städte pilgerten und dort zumeist als Fabrikarbeiter eine Anstellung fanden. Diese Entwicklungen führten zu einem explosionsartigen Anwachsen der Städte.[4] Im Laufe der nächsten Jahrzehnte verfestigten sich diese Strukturen und führen zur Entwicklung von zentralen Großstädten.

1.3 Leben in einer Großstadt Anfang des 20. Jahrhunderts

Zu Beginn des 20. Jahrhunderts galt Berlin als eine der modernsten und kulturträchtigsten Städte in Europa. Da sich ein Großteil der deutschen Großstadtlyriker dieser Zeit auch mit der Stadt Berlin beschäftigten, soll im Folgenden ein Eindruck Berlins zu Beginn des 20. Jahrhunderts gewonnen werden, wobei die zwanziger Jahre besonders fokussiert werden sollen.

Zu diesem Zweck lassen sich Eckdaten zur geschichtlichen Entwicklung der Stadt Berlin zusammentragen, aus denen man dann auch etwas auf das damalige Leben in der Großstadt schließen kann.

---

[2] Dabelstein 1988, S.123.
[3] Vgl. Ebd., S.123f.
[4] Vgl. Heineberg (2007), S.302ff.

- 18.01.1871: Gründung des deutschen Reiches und Kaiserproklamation
  Wilhelms I.
- Ab 1880: - Ausbau des Kurfürstendamms zu einem breiten Boulevard
  nach Pariser Vorbild
  - National-konservativen Baustil (z.b. Kaiser-Wilhelm -
  Gedächtniskirche und Berliner Dom
- 1902: Erste Hoch- und U-Bahnen: Zusammenwirken von S- und U-
  Bahn, Straßenbahn und Omnibusbetrieb ergibt ein
  leistungsfähiges Nahverkehrssystem
- 1906: Teltow-Kanal eröffnet = Berlin wird zu einem großen
  Binnenhafen
- 1914-1918: Erster Weltkrieg
- 9.11.1918: Ausrufung der „Deutschen Republik"
- 1.10.1920: Zusammenschluss Berlins mit sieben umliegenden Städten (u.a.
  Charlottenburg, Schöneberg, Spandau, Köpenick)
  → Berlin wird zur Weltstadt
- 1924-1929: Die „goldenen Zwanziger" – Berlin in kultureller Blüte

Tab. 2: Die Geschichte Berlins bis in die Zwanzigerjahre

Wie oben beschrieben wird Berlin spätestens durch den Zusammenschluss mit umliegenden Städten im Jahre 1920 zu einer Weltstadt. Doch auch bereits durch den Aufbau des Verkehrsnetzes zu Beginn des 20. Jahrhunderts steigt die Stadt in den Olymp der modernen Großstädte Europas auf. Wenn man das Gesagt auf den Punkt bringen möchte, charakterisieren einerseits Traditionsbindung, andererseits aber auch eine selbstbewusste Modernität die deutsche Stadt.[5]

Friedrich Kreppel schrieb über das Jahrzehnt der Zwanziger Jahre: „Man nennt es das goldene und das korrupte, das mythische und das hektische, das zukunftsträchtige und das tolle, das freiheitliche und das anarchistische Dezenium. In ihm feiert die Wissenschaft Triumphe, fanden Put-

[5] Koch 2002, S.2f.

sche und Straßenschlachten statt, blühten Kunst, Literatur und Korruption, waren Hunger und Reichtum, Arbeitslosigkeit und großer Idealismus zu Hause."[6]

Es wird deutlich, dass der Schein der ‚goldener' 20er Jahre trügerisch ist. Denn nicht nur die kulturellen Höhepunkt in Literatur, Theater und Kunst prägen dieses Jahrzehnt. Je nach gesellschaftlichem und sozialem Kontext stellten Armut und politische Unruhen einen Gegenpol zu den viel bejubelten Technologien und innovativen Forschungserkenntnissen dar. Die zwanziger Jahre waren auch ein Jahrzehnt des Umbruchs, der politischen Neuorientierung und Identitätsfindung, aber auch der Wirtschaftskrisen und damit verbundener Armut der sozial schwachen Schichten[7]: „Ein Leben auf dem Vulkan."[8]

2 Ästhetische Auseinandersetzung mit der Großstadtthematik Anfang des 20. Jahrhunderts

2.1 „Epochen der Großstadt"

2.1.1 Expressionismus

Die Epoche des Expressionismus wird sowohl in der Literatur als auch in der Kunst zu Beginn des 20 Jahrhunderts angesiedelt, wobei die Hochphase in die Jahre 1910 bis 1920 fällt. Im Expressionismus setzten sich Lyriker und Künstler mit Themen wir Großstadt, (drohender) Krieg, Kriegserfahrungen, Menschenmasse, Industrialisierung, Verstädterung oder Technisierung auseinander.[9]

Zentraler Hintergrund der expressionistischen Strömung war der 1. Weltkrieg, dessen Grausamkeit und Folgen ein zentrales Thema darstellte. In diesem Zusammenhang wurde im Expressionismus in den Jahren nach dem 1. Weltkrieg so etwas wie eine Forderung nach dem „neuen Menschen" laut, der die Gräuel des Krieges überwindet und sich aus der Zerstörung erhebt. Darüber hinaus kann der expressionistische Stil als Epoche der Selbst- und Fremderkundung bezeichnet werden, in der also nicht nur die Umwelt der Menschen und die Vorgänge darin thematisiert und zumeist kritisiert werden, sondern auch als Auseinandersetzung mit der Rolle des Menschen als Individuum in eben dieser Umwelt. Oftmals zeugt der Expressionismus von einer detaillierten Schilderung des Grotesken, Hässlichen, Grausamen oder Krankhaften. Für Letzteres steht vor allem Franz Kafka, beispielsweise mit seinen Werken „Die Verwandlung" oder „Der Prozess".[10]

---

[6] Kreppel 1968.
[7] Vgl. Faulstich 2008, S.7ff.
[8] Ebd., S.7.
[9] Vgl. Stark 2006, S. 112-114.
[10] Vgl. Jeßing 2008, S. 146+147.

Die expressionistische Literatur ist in ihrem Stil zumeist geprägt von kurzen, einfachen Sätzen, die durch ihre Einprägsamkeit und Deutlichkeit bestechen. In einem beschreibenden Stil werden Situationen und Vorgänge unverblümt und drastisch geschildert, wie sie vom Betrachter (lyrischem Ich) wahrgenommen werden und im literarischen Text zum Ausdruck (lat. expressio) gebracht werden sollen. Prägend für die expressionistische Lyrik ist Kurt Pinthus „Menschheitsdämmerung" aus dem Jahre 1920. Die expressionistische Gedichtsammlung enthält unter anderem Gedichte von Georg Heym, Gottfried Benn, Rudolf Leonhard oder Franz Werfel.[11]

Der Begriff „Expressionismus" wurde erstmals von Herwarth Walden in der Zeitschrift „Der Sturm", dem Sprachrohr der neuen Kunstentwicklungen, gebraucht. Der Expressionismus sollte ein bewusster Bruch mit der Vergangenheit darstellen und das subjektiv Ausdrücken allen Wahrnehmens in den Vordergrund stellen, womit außerdem eine Abgrenzung zur Kunstrichtung des Impressionismus definiert wurde. Im Expressionismus schlossen sich viele Künstler zu Vereinigungen zusammen, darunter die bekannten Bewegungen der „Fauvisten", „Die Brücke" oder „Der blaue Reiter". Als Gemeinsamkeit der expressionistischen Kunstepoche gelten vor allem freiere Formen und Farben, die das Intensive der Darstellung unterstützen. Bekannte bildende Künstler des Expressionismus waren Henri Matisse, Emil Nolde, Franz Marc oder August Macke. Treffend beschreibt der expressionistische Künstler Ludwig Meidner den Unterschied zu vorangegangenen Stilen: „Das erste ist, daß wir sehen lernen, daß wir intensiver und richtiger sehen als unsere Vorgänger. Die impressionistische Verschwommenheit und Verundeutlichung nützt uns nichts."[12] Und weiter: „Eine Straße besteht nicht aus Tonwerten, sondern ist ein Bombardement von zischenden Fensterreihen, sausenden Lichtkegeln zwischen Fuhrwerken aller Art und tausend hüpfenden Kugeln."[13]

2.1.2   Neue Sachlichkeit

Die Epoche Neue Sachlichkeit wird vor allem dem Zeitalter der Weimarer Republik zugeschrieben, wobei präzisere Zuordnungen sich auf die Jahre 1923 bis 1932 festlegen. Gleichsam dem Expressionismus wurde in der Neuen Sachlichkeit der Schwerpunkt auf Wirklichkeitsdarstellung gelegt und dementsprechend ähnlich waren die thematischen Auseinandersetzungen: drohender Krieg, Technik, Medien, Verkehr, bürgerlicher Alltag oder Lebensverhältnisse.[14] Schriftsteller der Neuen Sachlichkeit verstanden sich selbst oftmals als politische Akteure, die die zunehmend brisante Lage reflektierten.[15] Die Übergänge vom Expressionismus zur Neuen Sachlichkeit sind in Literatur und Bildender Kunst, wie so meist, fließend und nicht immer können Werke eindeutig zugeordnet werden; nicht selten

---

[11] Vgl. Jeßing 2008, S. 148.
[12] Zitiert nach *Meisterwerke der Kunst* – Quellen und Texte 1990, S. 33.
[13] Zitiert nach ebd., S.33
[14] Vgl. Schütz 2006, S: 293.
[15] Vgl. Jeßing 2008, S. 208.

würde man Werke sogar zeitlich einer anderen Epoche zuordnen, als man es dem Stil nach tun würde.[16]

Der grundsätzliche Unterschied zum Expressionismus liegt im Stil der Darstellung. Wie der Name vermuten lässt, wurden in der Neuen Sachlichkeit Dinge aus einem distanzierteren Blickwinkel beschrieben, wobei der Begriff Sachlichkeit irreführend ist, da Situationen zwar beobachtender, wenngleich deshalb nicht weniger drastisch geschildert wurden. Bekannte Autoren der Neuen Sachlichkeit waren Kurt Tucholsky, Bertolt Brecht, Erich Kästner oder Hans Fallada.[17]

Wie beim Expressionismus rührt auch der Begriff Neue Sachlichkeit aus dem Bereich der Bildenden Kunst als eine Epoche der Neuorientierung nach dem 1. Weltkrieg. Bezeichnend hierfür war eine Ausstellung in der Mannheimer Kunsthalle im Jahr 1925, auf welcher Gemälde aus den Jahren nach 1917 unter dem Titel „Die Neue Sachlichkeit. Deutsche Malerei nach dem Expressionismus" ausgestellt wurden.[18] Die gegenständliche Formensprache der Neuen Sachlichkeit sollte eine Absage an die Überschwänglichkeit und Überspitzung des expressionistischen Stils sein, um den einschneidenden und grausamen Vorgängen in der Welt gerecht zu werden, ohne sie allzu subjektiv, unter dem Verdacht der Übertreibung, darzustellen. Vertreter in der Kunst waren zum Beispiel Otto Dix, George Grosz, Georg Scholz oder Georg Schrimpf.[19]

2.2 Beispiele für das Thema „Großstadt"

2.2.1 Lyrik

Großstadtgedichte gab es Anfang des 20. Jahrhundert in großen Mengen. Das Großstadtleben wurde dabei sowohl im Expressionismus als auch in der Neuen Sachlichkeit unter die Lupe genommen, wobei die Schwerpunkte je nach Autor und Zeit eher auf dem menschlichen Alltag oder der Veränderung des Stadtlebens durch den Krieg lagen. So beschreibt beispielsweise Georg Heym in seinem Gedicht „Berlin I"[20] aus dem Jahr 1911 das menschliche Treiben in der Großstadt. Er schreibt von unzähligen Menschenmassen und vollen Bussen und spiegelt damit zunehmende Menschen- und Verkehrsdichte einer typischen Großstadt zu Beginn des 20. Jahrhunderts wider.

Dementsprechend andere Beobachtungen machen Autoren nach dem 1. Und 2. Weltkrieg in den Städten. Bertolt Brechts Gedicht „Über die Städte"[21] aus dem Jahr 1927 thematisiert die Vergänglichkeit von Mensch und Stadt in einem Zug; er spricht von einem Kontrast zwischen „oben" und „unten", zwischen den Gassen und dem Rauch, wozwischen außer Leere nichts herrscht. Neben

---

[16] Vgl. Jeßing 2008 S. 148.
[17] Vgl. ebd., S. 151+152.
[18] Vgl. ebd., S. 207.
[19] Vgl. Broer 1995, S. 138.
[20] Siehe Anhang, S. 13.
[21] Siehe Anhang, S. 13.

der Situation der Entfremdung in einer eigentlich bekannten Stadt auf Grund der Kriegszerstörung wird hier jedoch ebenso die Fortschrittsideologisierung kritisiert: „Wir waren drinnen. Wir haben nichts genossen. Wir vergingen rasch.". Kriegsfolgen und städtische Entwicklung werden in diesem Gedicht als Symbiose benannt und verurteilt.[22]

Interessant ist Wolfgang Borcherts Gedicht „Großstadt"[23] aus dem Jahre 1948. Wider Erwarten werden Kriegszerstörung und Entfremdung hier nicht direkt angesprochen, vielmehr werden verschiedene Gesichter der Stadt gezeigt: „Göttin Großstadt", „Hure Großstadt" und „Mutter Großstadt", wobei diese auch widersprüchliche Vielgesichtigkeit stark an Franz Kafkas persönliche Hassliebe zu seiner Heimatstadt Prag erinnert. Die Großstadt wird in gewisser Weise als stete Anlaufstelle und Zeitzeugin gesehen, die die Menschen aufnimmt und sie gleichermaßen von sich stößt.

Fest steht, dass das Thema Großstadt in der Lyrik des beginnenden 20. Jahrhunderts ein großes Thema war, welches zumeist kritisch hinterfragt und diskutier wurde.

2.2.2   Bildende Kunst

Beispielhaft für die künstlerische Auseinandersetzung mit der Großstadtthematik ist das Gemälde „Ich und die Stadt"[24] (1913, Öl auf Leinwand, 60x50cm) des expressionistischen Künstlers Ludwig Meidner. 1914 sagt der Künstler: „Wir müssen endlich anfangen, unsere Heimat zu malen, die Großstadt, die wir unendlich lieben. Auf unzähligen, freskenhaften Leinwänden sollten unsre biebernden Hände all das Herrliche und Seltsame, das Monströse und Dramatisch der Avenüen, Fabriken und Türme hinkritzeln."[25] und beschreibt nicht nur die typisch expressionistische Mal-, sondern auch die Schreibweise, das Absurde, Zwielichte und Merkwürdige der Realität darzustellen.

Meidners Gemälde zeigt einen Mann, der von einer chaotisch angeordneten Stadt umrundet wird, wobei die Gebäude auf die Figur regelrecht einzustürzen scheinen. Der Mann blickt entsetzt und hilflos zum Betrachter. Das Selbstbildnis des Künstlers stammt aus einer Schaffensphase, in der Meidner mehrere Metropole-Bilder malte, darunter „Brennende Stadt", „Bombardement einer Stadt" oder „Apokalyptische Stadtlandschaft". Die Tragik und Überwältigung in Meidners Bilder findet sich auch in einem Tagebucheintrag wieder: „Was peitscht mich denn so in die Stadt hinein? Was ras` ich verrückt heerstraßenlang? Pfähle blutig anrempelnd, Schädel zertrümmernd an feisten Stämmen und meine stadtgeilen Füße zerreißen am Gestein der Nacht."[26] Hier wird nicht nur die seelische Bestürzung des Künstlers deutlich, sondern auch das herannahen des 1. Weltkrieges.

---

[22] Vgl. Neuhaus 2005, S. 219-226.
[23] Siehe Anhang, S. 13.
[24] Siehe Anhang, S. 14.
[25] Zitiert nach *Meisterwerke der Kunst – Quellen und Texte* 1990, S. 33.
[26] Zitiert nach *Meisterwerke der Kunst* 1990, S. 9.

Ein anderes Beispiel für die Großstadt auf dem Bild findet sich in Otto Dix` Triptychon „Großstadt"[27] aus den Jahren 1927/1928 (Mischtechnik auf Holz, 181x402 cm). Das Werk der Neuen Sachlichkeit, oder in der Kunst auch treffenderweise als Verismus (lat. verus = wahr) bezeichnet, zeigt auf dem Hauptbild das Treiben in einem Dresdner Lokal, in dem sich die bürgerliche Gesellschaft zum Tanz versammelt hat. In schimmernden Farben wird der Glanz der Veranstaltung dargestellt. Im krassen Gegensatz dazu stehen die Seitenflügel des Triptychons, auf denen in dunkleren Farben Kriegskrüppel und Prostituierte abgebildet. Die Schattenseiten der goldenen zwanziger Jahre wurden von Dix in drastischer Genauigkeit und mit Beobachtungsgabe gemalt.[28]

Warum Dix mit dieser Präzision das Geschehen darstellt, wird in einer Aussage von ihm klar: „Ich bin Realist. Ich muß alles mit eigenen Augen sehen, um dann zu bestätigen: so ist das gewesen und nicht anders."[29] Hierbei taten die Kriegserfahrungen von Dix, der als 23-Jähriger im 1. Weltkrieg kämpfte, mit Sicherheit ihren Teil zu diesen genauen Darstellungen.

In einem Beiheft einer Kunstmappe zum Thema „Menschen in Beziehungen" wird über Dix` Werke ausgesagt: „[…] fast aus jeder Zeichnung und jedem Bild spricht die Erschütterung und die damit verlorene Illusion von Schönheit, Sicherheit und Ordnung."[30] Diese Beschreibung trifft mit Sicherheit nicht nur auf diesen Künstler zu, sondern auf die allgemeine ästhetische Auseinandersetzung mit dem Weltgeschehen Anfang des 20. Jahrhunderts, sei es in Literatur oder Bildender Kunst.

3 Bertolt Brecht und de Großstadtlyrik

3.1 Bertolt Brechts Verhältnis zur Großstadt

3.1.1 Grundzüge expressionistischer Großstadtlyrik

Um einen Grundtenor der expressionistischen Großstadtlyrik herauszuarbeiten, die sich auch als eine Art von Ausdruckskunst versteht, sollen im Folgenden Charakteristiken zu den Motiven und Darstellungsweisen dieser Dichtungen gesammelt werden.

Motive

Mit Großstadtverklärung und Großstadtverdammung lassen sich zwei Schlagworte der expressionistischen Großstadtlyrik nennen. Darin verbirgt sich die Vorstellung einer Großstadt sowohl als Ort des Vergnügens, als auch des moralischen Verfalls. Um dieses Grundverständnis zu unterstrei-

---

[27] Siehe Anhang, S. 14.
[28] Vgl. Broer 1995, S.140+141.
[29] Zitiert nach ebd., S. 140.
[30] Zitiert nach *Meisterwerke der Kunst* 2003, S.6.

chen werden negative Eindrücke und Impressionen oftmals radikalisiert, um der städtischen Lebenswelt eine gewisse Hässlichkeit und Unüberschaubarkeit anzuheften. Zusätzlich werden Gedichte oftmals auch in einer Art ‚Gossensprach' verfasst, deren Bilder und Figuren des Verfalls sich auch im inhaltlichen Bereich wiederfinden lassen.[31]

Ein weiteres Motiv findet sich in der Ansprache des Lesers. Dieser soll durch die Lyrik im Idealfall zu einem Umdenken gezwungen werden. Zumindest aber sollen ihm konstruierte Abgründe des Lebens vor Augen geführt werden, die Zweifel an seine bisherigen Einstellungen und Handlungen wecken sollen. Damit geht auch das Motiv der inneren Zerrissenheit einher. Einerseits bietet das großstädtische Umfeld Platz für Skurriles und Andersartigkeit. Darin sahen vor allem viele Künstler einen Zufluchtsort und genossen das Untertauchen in einer anonymen Masse. Gleichzeit wird ein Leben in Anonymität und Isolation kritisiert, da zwischenmenschliche Beziehungen nur auf ein Minimum reduziert bleiben. Dazu erscheint die Großstadt als übermächtiges Wesen, in welchen sich eine eigene Dynamik und Lebenswelt entwickelt. Das Scheitern des Einzelnen scheint demnach vorprogrammiert.[32]

Ein weiteres Gegenpaar bilden die Technikverdrossenheit und die Technikbegeisterung. Während manche expressionistischen Lyriker eher kritisch und befangen an dieses Thema herantreten, leben vor allem die Futuristen von ihrer Technikbegeisterung. Teilweise werden aber auch neue Medien als sehr anregend und inspirierend empfunden, wobei besonders der Film als neues Kontaktmedium zwischen Künstler und Zuschauer hervorgehoben wird.[33]

Darstellungsmittel

Unterstützt werden die Motive auch durch eine besondere Art und Weise der Dichtung. So spiegelt sich beispielsweise die Loslösung von Zwängen, innerer Protest und das Gefühl von Freiheit und Individualität in einer freien Auslegung von Syntax und Grammatik wieder.

Die Freiheit der Bilder ermöglicht den Einsatz von absoluten und absurden Metaphern, die dadurch auch die vielfältigen Sinneseindrücke einer Großstadt und deren unüberschaubare Komplexität veranschaulichen sollen. In einem letzten Punkt verweisen oftmals Zeilen- oder Simultanstil auf die Filmtechnik, mit ihren rasanten schnitten und plötzlichen Perspektivwechseln.[34]

3.1.2 Brechts Verhältnis zur Großstadt

---

[31] Vgl. Kluwe 2003, S.5f.
[32] Vgl. Kluwe 2003., S. 8f.
[33] Vgl. ebd., S.10.
[34] Vgl. ebd. 2003, S. 11ff.

Brechts Verhältnis zur Großstadt lässt sich am besten nachzeichnen, wenn man die biographischen Daten zu seinen Berlinaufenthalten mit eigenen Äußerungen zur Stadt Berlin verknüpft betrachtet. Im Folgenden werden einige Stationen in Brechts Leben angeschnitten und wenn möglich mit einem Kommentar Brechts oder Zitaten versehen.

- Februar 1920: Brechts erster Aufenthalt in Berlin

    Ziel: - Verhandlungen mit Theatern und Verlagen

    - Angelockt von weltoffene Atmosphäre und dem Reiz einer Kulturstadt: Verlags- und Zeitungsstadt, Theater- und Filmmetropole

    Befund: - Instabile Wirtschaft, unklare politische Situation nach Niederlage im 1.WK

    - Berlin ist voll von jungen Künstlern

    →Brecht fühlt sich abgelehnt und nicht gebraucht[35]

    → Erfahrungen verarbeitet in: Lesebuch für Städtebewohner (1926/30):

    „Die Esser sind vollzählig,

    was hier gebraucht wird, ist Hackfleisch."[36]

- März 1920: Rückkehr nach München

    Vgl. „Ich liebe Berlin, aber m.b.H." (1920)

- Winter 1921/1922: Rückkehr nach Berlin

    - Brecht erlangt nach Erfolgen gewisse Stellung in Gesellschaft der Schauspieler
    - Er schließt sogar Verträge ab und verausgabt sich bis er im Krankenhaus landet [37]

    Vgl. „Es ist keine Luft zu leben in dieser Stadt, an diesem Ort kann man nicht leben." (1921)[38]

- Rückkehr nach Süddeutschland: Brecht scheiterte als Balladensänger und Regisseur[39]

    →Trotz des Misserfolges fühlt Brecht sich als Großstädter:

    Vgl. „In der Asphaltstadt bin ich daheim. Seit vielen Jahren

    Lebe ich dort als ein Mann, der die Städte kennt

    Zwischen Zeitungen mit Tabak und Branntwein

    Mißtrauisch und faul und zufrieden am End"

    (Ich, Bertold Brecht, 1922) [40]

---

[35] Vgl. Bienert 1998, S.11.
[36] Zitiert nach ebd., S.11.
[37] Vgl. ebd., S.11f.
[38] Zitiert nach ebd., S.11
[39] Vgl. ebd., S.12

- Es folgen <u>mehrere kurze Reisen nach Berlin</u> und wieder weg (insgesamt neun Aufenthalte)

- <u>1924: Anstellung am Deutschen Theater</u>
  - Erst nach der Anstellung am Dt. Theater durch den befreundeten Regisseur Erich Engel kann Brecht Berlin erobern

    → „Innere Urbanisierung"= Verstädterung der Psyche
    Vgl. Vom armen B.B. (1927): Die Anpassung an die städtische Lebensweise wird thematisiert und problematisiert[41]

- Mitte der 20er Jahre: Brecht gehört zu den prominentesten Vertretern einer Großstadtliteratur
  → Höhepunkt des Erfolges ist die Dreigroschenoper (1928)[42]

---

[40] Zitiert nach ebd., S.12
[41] Vgl. Bienert 1998, S.12.
[42] Vgl. Knopf 2006, S.24ff.

3.2 Tabellarischer Vergleich zweier Großstadtgedichte Brechts

	Verwisch die Spuren[43]	Als unsere Städte in Schutt lage
Strophenform	4 Strophen mit je 6 Versen (Ausnahme: 3. Strophe mit 5 Versen und Abschluss Vers 30)	3 Strophen mit je 4 Versen
Lyrisches Ich	Lyrisches Ich als „Wegweiser in der Stadt" oder Beschreiber der Realität, der einen Gegenüber „einweist", „aufklärt": Anleitung: „Verwische die Spuren"(V.6) Aus eigener Erfahrung: „Das wurde mir gelehrt" (V.30)	Lyrisches „Wir" als Kollektiv einer zers ten Stadt: - „unsere Stadt" (V.1) - „zogen wir selber" (V.6)
Schwerpunkt der Stadtbe- schreibung	Verhalten der Bewohner: - „gehe an ihnen fremd vorbei" (V.8) - „zeige dein Gesicht nicht" (V.10) - „Verwisch die Spuren" (V.6)	Umgang der Menschen mit Kriegsfolger - „haben wir begonnen, sie wieder aufzubauen" (V. 3) - „um unsre Kinder nicht in fremde Fron zu verkaufen" (V.8) - „reinigten das Wissen der Jahrhun- derte" (V.12)
Aussagen über Stadt(Bewohner)	Anonymität der Großstadt: - Fremde in der Heimat - Entfremdung zu (Bezugspersonen) - Schnelllebigkeit/Vergänglichkeit des Lebenslaufes - keine Möglichkeit, sich den „Gesetzen" der Großstadt zu entziehen: **„(Das wurde mir gelehrt)"** (V.30)	Grausamkeit der Zerstörung: - Aufbau aus Trümmern - Armut und Trauer - Wehren gegen Besatzungsmächte → amerikanische Aufbauhilfe für West-Dtl. → Einnahme West- Dtl. gegen Ost- Dtl. Kritik am schnellen Vergessen: - Gefahr des Verdrängens/Auslöschen d Vergangenheit, ohne Berücksichtigung aller Generationen: „[...] und säubert **die Schulen und reinigten das Wissen Jahrhunderte vom alten Schmutz, daf gut für sie sei."** (V. 10-12)

---

[43] Siehe Anhang, S. 14.
[44] Siehe Anhang, S. 14.

4 Anhang

4.1 Großstadt in der Lyrik

Gedicht 1: Georg Heym: Berlin I (1911)

Der hohe Straßenrand, auf dem wir lagen,
War weiß von Staub. Wir sahen in der Enge
Unzählig: Menschenströme und Gedränge,
Und sahn die Weltstadt fern im Abend ragen.

Die vollen Kremser fuhren durch die Menge,
Papierne Fähnchen waren drangeschlagen.
Die Omnibusse, voll Verdeck und Wagen.
Automobile, Rauch und Hupenklänge.

Dem Riesensteinmeer zu. Doch westlich sahn
Wir an der langen Straße Baum an Baum,
Der blätterlosen Kronen Filigran.

Der Sonnenball hing groß am Himmelssaum.
Und rote Strahlen schloß des Abends Bahn.
Auf allen Köpfen lag des Lichtes Traum.

Gedicht 2: Bertolt Brecht: Über die Städte (1927)

Unter ihnen sind Gossen
In ihnen ist nichts, und über ihnen ist Rauch.
Wir waren drinnen. Wir haben nichts genossen.
Wir vergingen rasch. Und langsam vergehen sie auch.

Gedicht 3: Wolfgang Borchert: Großstadt (1949)

Die Göttin Großstadt hat uns ausgespuckt
in dieses wüste Meer von Stein.
Wir haben ihren Atem eingeschluckt,
dann ließ sie uns allein.

Die Hure Großstadt hat uns zugeplinkt –
an ihren weichen und verderbten Armen
sind wir durch Lust und Leid gehinkt
und wollten kein Erbarmen.

Die Mutter Großstadt ist und mild und groß –
und wenn wir leer und müde sind,
nimmt sie uns in den grauen Schoß –
und ewig orgelt über uns der Wind!

Gedicht 4: Bertolt Brecht: Aus dem Lesebuch für Städtebewohner I: Verwische die Spuren (1926)

01 Trenne dich von deinen Kameraden auf dem Bahnhof
02 Gehe am Morgen in die Stadt mit zugeknöpfter Jacke
03 Suche dir Quartier, und wenn dein Kamerad anklopft:
04 Öffne, oh, öffne die Tür nicht
05 Sondern
06 Verwisch dir Spuren!

07 Wenn du deinen Eltern begegnest in der Stadt Hamburg
       oder sonstwo
08 gehe an ihnen fremd vorbei, biege um die Ecke, erkenne sie
       Nicht
09 Zieh den Hut ins Gesicht, den sie dir schenkten
10 Zeige, oh, zeige dein Gesicht nicht
11 Sondern
12 Verwische die Spuren!

13 Iß das Fleisch, das da ist! Spare nicht!
14 Gehe in jedes Haus, wenn es regnet, und setze dich auf jeden
       Stuhl, der da ist
15 Aber bleibe nicht sitzen! Und vergiß deinen Hut nicht!
16 Ich sage dir:
17 Verwisch die Spuren!

18 Was immer du sagst, sag es nicht zweimal
19 Findest du deinen Gedanken bei einem andern: verleugne ihn.
20 Wer seine Unterschrift nicht gegeben hat, wer kein Bild
       hinterließ
21 Wer nicht dabei war, wer nichts gesagt hat
22 Wie soll der zu fassen sein!
23 Verwisch die Spuren!

24 Sorge, wenn du zu sterben gedenkst
25 Daß kein Grabmal steht und verrät, wo du liegst
26 Mit einer deutlichen Schrift, die dich anzeigt
27 Und dem Jahr deines Todes, das dich überführt!
28 Noch einmal:
29 Verwisch die Spuren!

30 (Das wurde mir gelehrt.)

Gedicht 5: Bertolt Brecht: Als unsere Städte in Schutt lagen (1948)

01 Als unsere Städte in Schutt lagen
02 Verwüstet durch den Krieg des Schlächters
03 Haben wir begonnen, sie wieder aufzubauen
04 In der Kälte, im Hunger, in der Schwäche.

05 Die Eisenkärren mit dem Schutt
06 Zogen wir selber, wie in grauer Vorzeit.
07 Mit nackten Händen gruben wie Ziegel aus.
08 Um unsre Kinder nicht in fremde Fron zu verkaufen.

09 Dann machten wir für diese unsere Kinder
10 In den Schulen Platz und säuberten die Schulen
11 Und reinigten das Wissen der Jahrhunderte
12 Vom alten Schmutz, daß es gut für sie sei.

4.2 Großstadt in der Bildenden Kunst

Abb. 1 Ludwig Meidner: Ich und die Stadt. 1913.

Otto Dix, Großstadt, 1927/28, Mischtechnik auf Holz, 181 x 402 cm,
Kunstmuseum Stuttgart, © VG Bild-Kunst, Bonn 2008

Abb. 2

5 Literaturverzeichnis

Bienert, Michael (1998): Mit Brecht durch Berlin. Frankfurt a. Main: Insel Verlag.

Broer, Werner et. al. (1995): Epochen der Kunst. Band 5: Vom Expressionismus zur Postmoderne. München/Wien: Oldenbourg Verlag.

Dabelstein, Hans-Jürgen [u.a] [Hrsg.] (1988): Mensch und Raum. Erdkunde für Berufsfachschulen in Baden-Württemberg. Berlin: Schroedel.

Faulstich, Werner (2008): Einführung: „Ein Leben auf dem Vulkan"?. Weimarer Republik und die „goldenen" 20er Jahre. In: Faulstich, Werner (1998) [Hrsg.]: Die Kultur der 20er Jahre. München: Fink Verlag.

Geppert, Hans Vilmar: „Wenn ich mit dir rede kalt und allgemein?" Bert Brechts Lesebuch für Städtebewohner im Kontext von Rundfunk, Film und Roman der 20er Jahre. In: Koopmann, Helmut [Hrsg.] (1999):: Brechts Lyrik: neue Deutungen. Würzburg: Verlag Königshausen&Neumann. S. 49-73.

Heineberg , Heinz (2007): Einführung in die Anthropogeographie/ Humangeographie. 3. Aufl. Paderborn: Schöningh.

Jeßing, Benedikt (2008): Neuere deutsche Literaturgeschichte. Eine Einführung. Tübingen: Gunter Narr Verlag.

Kluwe, Sandra (2003): Großstadtlyrik im Expressionismus. In: Großstadt in der Literatur. Fachtagung für Lehrer und Lehrerinnen. Onlinedokumentation. <http://www.kas.de/db_files/dokumente/7_dokument_dok_pdf_4018_1.pdf> [Eingesehen am: 21.06.10], S.15-33.

Knopf, Jan (2006): Bertolt Brecht. Leben, Werk, Wirkung. Frankfurt a. Main: Suhrkamp Verlag.

Koch, Alfred (2002): Städtische Räume. Dynamik der Raumentwicklung in der Stadtregion Berlin. In: Unterrichtsmaterialien Erdkunde. Freising: Stark Verlag.

Karcher, Simon (2006): Sachlichkeit und elegischer Ton. Die späte Lyrik von Gottfried Benn und Bertolt Brecht - ein Vergleich. Band 2. Würzburg: Verlag Königshausen&Neumann.

Meisterwerke der Kunst (1990): Landesinstitut für Erziehung und Unterricht [Hrsg.] (1990): Meisterwerke der Kunst. Folge 38/1990: „Der Künstler im Bild". VS- Villingen: Neckar-Verlag.

Meisterwerke der Kunst- Quellen und Texte (1990): Landesinstitut für Erziehung und Unterricht [Hrsg.] (1990): Meisterwerke der Kunst 38: Der Künstler im Bild. Quellen und Texte. VS- Villingen: Neckar-Verlag.

Meisterwerke der Kunst (2003): Landesinstitut für Erziehung und Unterricht [Hrsg.] (2003): Meisterwerke der Kunst. Folge 51/2003: „Menschen in Beziehungen". VS- Villingen: Neckar-Verlag.

Neuhaus, Stefan (2005): Grundriss der Literaturwissenschaft. 2. Überarbeitete Auflage. Tübingen/Basel: A. Franke Verlag.

Schütz, Erhard: Artikel „Neue Sachlichkeit". In: In: Brunner, Horst/Moritz, Rainer [Hrsg.] (2006): Literaturwissenschaftliches Lexikon. Grundbegriffe der Germanistik. 2. Überarbeitete und erweiterte Auflage. Berlin: Erich Schmidt Verlag. S. 293-296.

Stark, Michael: Artikel „Expressionismus". In: Brunner, Horst/Moritz, Rainer [Hrsg.] (2006): Literaturwissenschaftliches Lexikon. Grundbegriffe der Germanistik. 2. Überarbeitete und erweiterte Auflage. Berlin: Erich Schmidt Verlag. S. 112-116.

6 Tabellenverzeichnis

7 Abbildungsverzeichnis

Abb.2: Otto Dix: Großstadt. 1927/1928. Mischtechnik auf Holz. 181x402cm.

Quelle: http://www.kultur-online.net/files/exhibition/dix.jpg

8 Gedichteverzeichnis

Gedicht 1: Georg Heym: Berlin I. 1911.

Quelle: Rothe, Wolfgang (1973): Deutsche Großstadtlyrik vom Naturalismus bis zur Gegenwart. Stuttgart: Reclam. S. 107.

Gedicht 2: Bertolt Brecht: Über die Städte (1927)

Quelle: Rothe, Wolfgang (1973): Deutsche Großstadtlyrik vom Naturalismus bis zur Gegenwart. Stuttgart: Reclam. S. 277.

Gedicht 3: Borchert, Wolfgang: Großstadt. (1949)

Quelle: Rothe, Wolfgang (1973): Deutsche Großstadtlyrik vom Naturalismus bis zur Gegenwart. Stuttgart: Reclam. S. 371+372.

Gedicht 4: Bertolt Brecht: Verwisch die Spuren (1926)

Quelle: Rothe, Wolfgang (1973): Deutsche Großstadtlyrik vom Naturalismus bis zur Gegenwart. Stuttgart: Reclam. S. 276+277.

Gedicht 5: Bertolt Brecht: Als unsere Städte in Schutt lagen (1948)

Quelle: **Karcher**, Simon (2006): Sachlichkeit und elegischer Ton. Die späte Lyrik von Gottfried Benn und Bertolt Brecht - ein Vergleich. Band 2. Würzburg: Verlag Königshausen&Neumann. S. 62+63.